LA BELLA E LA BESTIA

DeAGOSTINI

C'ERA UNA VOLTA UN RICCO
MERCANTE CHE AVEVA TRE FIGLIE.
DUE ERANO VANITOSE ED EGOISTE,
LA TERZA, INVECE, ERA DOLCE
E GENEROSA. SI CHIAMAVA BELLA.

DURANTE UNA TEMPESTA, LE NAVI
DEL MERCANTE AFFONDARONO.
TUTTE LE SUE RICCHEZZE
SEMBRAVANO PERDUTE.

GIUNSE PERÒ LA NOTIZIA CHE UNA NAVE
ERA SCAMPATA AL NAUFRAGIO
E IL MERCANTE SI PREPARÒ A PARTIRE.
DOMANDÒ ALLE FIGLIE:
"CHE COSA VOLETE CHE VI PORTI?"
"UNA PELLICCIA" RISPOSE LA PRIMA.
"DEI GIOIELLI" FECE LA SECONDA.
"UNA ROSA" DISSE BELLA.

PURTROPPO IL CARICO
DELLA NAVE FU SUFFICIENTE
SOLO PER PAGARE I DEBITI E IL MERCANTE
RIPRESE LA VIA DI CASA SCONSOLATO.
SCESE LA NOTTE. L'UOMO ERA STANCO
E AFFAMATO, MA VIDE UN CASTELLO
E PENSÒ DI CHIEDERE OSPITALITÀ.

LA PORTA ERA APERTA
E IL MERCANTE ENTRÒ.
IL CAMINO ERA ACCESO,
MA IL PALAZZO
SEMBRAVA DESERTO.
L'UOMO SALÌ
AL PIANO SUPERIORE,
DOVE C'ERA UNA CAMERA
CON UN LETTO CHE
SEMBRAVA PREPARATO
APPOSTA PER LUI.

L'INDOMANI, PRIMA DI ANDARSENE, IL MERCANTE COLSE UNA ROSA NEL GIARDINO. MA QUALCUNO RUGGÌ ALLE SUE SPALLE: "LADRO! IO TI OSPITO E TU MI DERUBI!" IL MERCANTE SI VOLTÒ E VIDE UNA BESTIA ORRENDA! "È PER MIA FIGLIA..." CERCÒ DI SPIEGARE.

“TI RISPARMIERÒ LA VITA”
DISSE LA BESTIA.
“MA IN CAMBIO DOVRAI
PORTARMI TUA FIGLIA.”
IL MERCANTE, DISPERATO,
TORNÒ A CASA.

QUANDO SEPPE COS'ERA ACCADUTO, BELLA DECISE DI SACRIFICARSI PER IL PADRE. TORNARONO INSIEME AL CASTELLO, DOVE TROVARONO UNA TAVOLA IMBANDITA. NEL BEL MEZZO DELLA CENA APPARVE LA BESTIA.

"ORA VAI!" DISSE AL MERCANTE. "TUA FIGLIA RIMANE CON ME."

IL GIORNO DOPO BELLA E LA BESTIA CENARONO INSIEME. LA FANCIULLA CAPÌ SUBITO CHE LA BESTIA NON LE AVREBBE FATTO ALCUN MALE, NONOSTANTE IL SUO ASPETTO TERRIBILE.

ANZI, LA BESTIA ERA GENTILE
E PREMUROSA E LE REGALAVA FIORI
E VESTITI. LE DONÒ PERSINO
UN CUCCIOLO E UNA COPPIA
DI CANARINI PERCHÉ SENTISSE
MENO LA MANCANZA DELLA
SUA FAMIGLIA.

IN CAMERA DI BELLA C'ERA
UNO SPECCHIO MAGICO.
LA FANCIULLA VOLLE VEDERE IL PADRE
E SCOPRÌ CHE ERA MOLTO MALATO.

LA BESTIA LE DIEDE
IL PERMESSO DI ANDARE
DA LUI E LE LASCIÒ
UN ANELLO. “QUANDO VORRAI
TORNARE METTILO VICINO
AL TUO LETTO” DISSE.
“SE NON SARAI A PALAZZO
ENTRO UNA SETTIMANA,
IO MORIRÒ.”

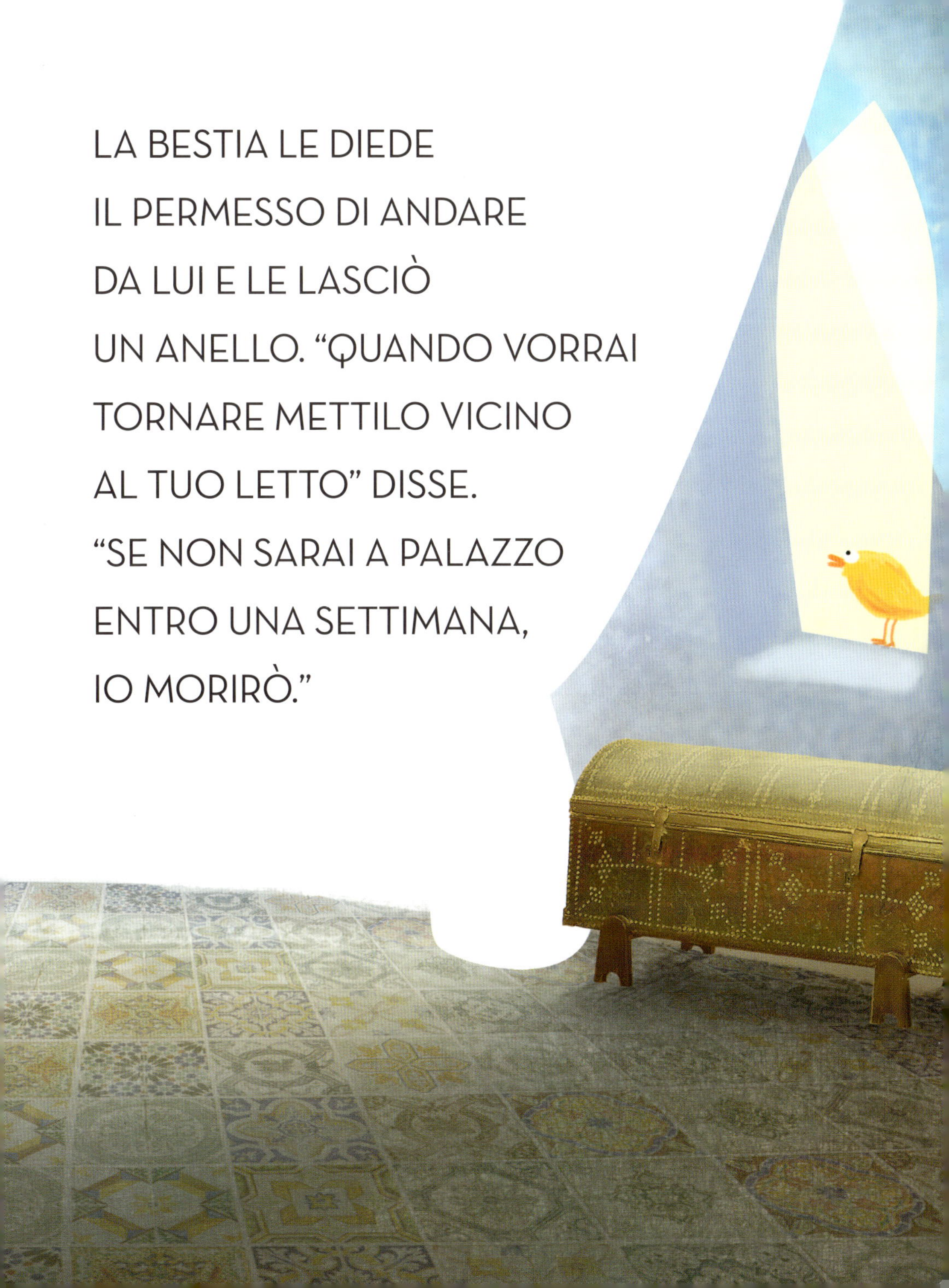

GRAZIE ALLA PRESENZA DELLA TERZA FIGLIA, IL MERCANTE SI RIPRESE IN FRETTA. MA LE SORELLE, GELOSE DEGLI ABITI DI BELLA E DELLA VITA CHE FACEVA AL CASTELLO, LA COSTRINSERO A RIMANDARE LA PARTENZA.

UNA NOTTE BELLA FECE UN SOGNO: LA BESTIA SEDEVA IN RIVA A UN FIUME E SEMBRAVA DISPERATA. LA GIOVANE SI SVEGLIÒ, PRESE L'ANELLO E LO POSE SUL COMODINO ACCANTO AL LETTO.

L'INDOMANI SI RITROVÒ
AL CASTELLO. "SONO TORNATA!"
DISSE A GRAN VOCE.

LA FANCIULLA
USCÌ E ANDÒ AL FIUME.
VIDE LA BESTIA DISTESA A TERRA.
RESPIRAVA A FATICA, ORMAI PRIVA DI FORZE.

CERCÒ IN OGNI STANZA,
IN OGNI SALA: LA BESTIA NON C'ERA!

BELLA LA ABBRACCIÒ
E ACCAREZZANDOLA
LE DISSE: “SONO
INNAMORATA DI TE
E VOGLIO SPOSARTI”.

A QUELLE PAROLE LA BESTIA
SI TRASFORMÒ IN UN PRINCIPE.
"CON IL TUO AMORE HAI ROTTO
L'INCANTESIMO DI CUI ERO PRIGIONIERO"
DISSE A BELLA. E DA QUEL GIORNO
VISSERO FELICI E CONTENTI.

RACCOGLI TUTTI I BOLLINI E

DIVENTA UN LETTORE PATENTATO

DISEGNATI!

NOME ANNA

COGNOME MONTOBBIO

ANNI 7

LIBRO PREFERITO BELLAELA BESTIA

LA PATENTE DEL LETTORE

DeAGOSTINI

I TRE PORCELLINI
PINOCCHIO
BIANCANEVE
LA SIRENETTA
LA REGINA DELLE NEVI
LA BELLA E LA BESTIA
IL GATTO CON GLI STIVALI
RAPERONZOLO
LA BELLAADDORMENTATA

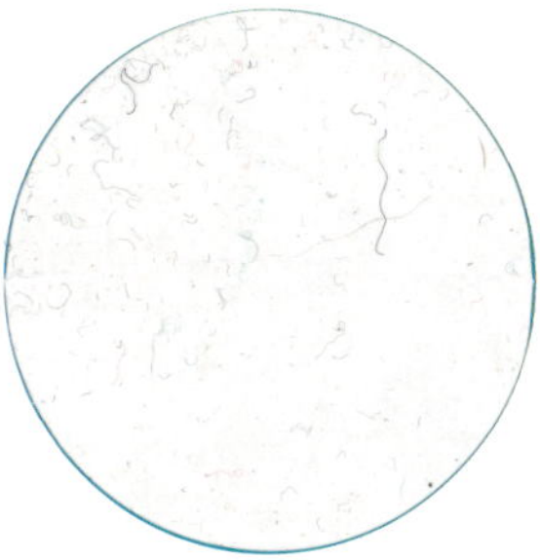